政治のしくみを知るための

# 日本の府省しごと事典 1

監修/森田 朗
編/こどもくらぶ

## 内閣府

## 復興庁

岩崎書店

# はじめに

みなさんは、「省」と聞いて、何を思いうかべますか？ 文部科学省や外務省などでしょうか。では、省がいくつあるか知っていますか？

省の数は、2017年現在、右ページの通り11省となっています。では、府省の「府」とは、何のことでしょうか？ また、省の数が変化することを知っていましたか？

かつて「省」や「庁」をまとめて「省庁」とよんでいましたが、近年は「府省」とよぶことがふえています。

実は、2007年、防衛庁が「防衛省」となりました。2011年3月に発生した東日本大震災からの復興のための専門の機関として、2012年に新たに復興庁がつくられました。さらに、2015年には文部科学省にスポーツ庁がつくられました。それは、2020年開催の東京オリンピック・パラリンピックを成功に導くためです。

こうした府や省や庁は、どんな仕事をしているのでしょうか？

どの府省も、それぞれの仕事をするのに非常に多額のお金が必要です。そのお金には、国民の「税金」が使われます。なぜなら、すべての国民のために仕事をしているからです。でも、みなさんのなかには府省のことをよく知らないという人もいるでしょう。このシリーズは、府と省を、次のように7巻で構成し、国民のためにどんな仕事をしているのか、みなさんとどんな関係があるのかなど、さまざまな角度からくわしく見ていきます。

**1巻** 内閣府・復興庁　　**2巻** 法務省・財務省
**3巻** 外務省・文部科学省　**4巻** 厚生労働省・経済産業省
**5巻** 農林水産省・環境省　**6巻** 国土交通省
**7巻** 総務省・防衛省

## ● 府と省の一覧図

| 1府 | 内閣府 | 内閣総理大臣と内閣官房を助け、内閣の重要な政策の企画を考えたりまとめたりする。ほかの省より一段高い位置づけがなされている。<br>（外局：公正取引委員会、国家公安委員会、個人情報保護委員会、金融庁、消費者庁）<br>（復興庁：東日本大震災からの復興に関する企画の立案や事務などをおこなう。） |
|---|---|---|
| 11省 | 総務省 | 各省が実施する政策の評価や、地方行政の監督などをおこなう。電波や通信に関する行政もおこなう。<br>（外局：公害等調整委員会、消防庁） |
| | 法務省 | 法律の運用にかかわるルールを決めたり、犯罪者の処罰や罪をつぐなうことの支援をしたりする。<br>（外局：公安審査委員会、公安調査庁） |
| | 外務省 | 日本がどのように世界の国ぐにとかかわっていくかなど、外交政策を進める。 |
| | 財務省 | 国の財政や税金の管理をおこなったり、貿易品への課税やとりしまりをおこなったりする。<br>（外局：国税庁） |
| | 文部科学省 | 教育、スポーツ、文化の振興と科学技術の推進をおこなう。（外局：文化庁、スポーツ庁） |
| | 厚生労働省 | 医療、社会福祉、食品衛生、年金、労働環境など、国民の健康にかかわる業務をおこなう。<br>（外局：中央労働委員会） |
| | 農林水産省 | 農業や水産業の発展と、食料の安定供給などの調整業務をおこなう。（外局：林野庁、水産庁） |
| | 経済産業省 | 消費活動や金融など、経済と産業の発展をめざす。（外局：資源エネルギー庁、特許庁、中小企業庁） |
| | 国土交通省 | 国土や道路交通の管理や開発をおこなう。（外局：観光庁、気象庁、運輸安全委員会、海上保安庁） |
| | 環境省 | 公害やゴミ問題、自然保護、地球温暖化への対策を通して、環境の保全にとりくむ。<br>（外局：原子力規制委員会） |
| | 防衛省 | 日本の平和と独立を守り、安全をたもつことを目的に、自衛隊を管理・運営する。（外局：防衛装備庁） |

　府省で働く人たちは、国家公務員＊とよばれる人たちです。都道府県や市区町村など、地方公共団体には、県庁や市役所、役場などがおかれていて、府省などと同様のしくみになっています。それらで働く人は、地方公務員といいます。みなさんのなかには、国家公務員や地方公務員になりたいと考えている人も多いでしょう。

　このシリーズは、府省の仕事について調べるために役に立つのはいうまでもありませんが、公務員ってどういう人？　どんなことをするの？　などを知るのにも大いに役立ちます。

　　　　　　　　　　　　　　　　　　　　　　　　　　　こどもくらぶ

＊ 正式には「国家公務員一般職」という。

# もくじ

はじめに ……………………………………… 2

この本の使い方 ……………………………… 5

府省のしくみの基礎のキソ ………………… 6

## 内閣府

1 内閣府のしくみ …………………… 10

2 内閣をサポートする仕事 …………… 12

3 男女共同参画と少子化対策 ………… 14

4 沖縄と北方対策 …………………… 16

● 公正取引委員会 …………………… 18

● 国家公安委員会 …………………… 20

● 警察庁 ……………………………… 22

● 個人情報保護委員会 ……………… 24

● 金融庁 ……………………………… 26

● 消費者庁 …………………………… 28

● 宮内庁 ……………………………… 30

内閣府の独立行政法人 ………………… 32

5 内閣府の特別の機関 ……………… 34

## 復興庁

1 復興庁のしくみ …………………… 36

2 産業の復興 ………………………… 38

3 くらしの復興 ……………………… 40

4 福島・原子力災害からの復興 ……… 42

用語解説 ……………………………………… 44

さくいん ……………………………………… 46

# この本の使い方

この本では、見開きごとに1つのテーマを解説しています。

**基本情報**
府省の仕事を知る上で必要となる、日本の政治のしくみや歴史について、P6-9で説明しています。

**見出し**
この見開きでとりあげるテーマです。府省によって色がかわります。

**リード**
見開きページのなかであつかっている内容を短く紹介しています。

**写真と図**
本文に関連する写真や理解を助ける図をのせています。

**外局など**
各府省の外局などをとりあげる見開きです。

**もっとくわしく**
少しむずかしいテーマや言葉などを解説。このページの理解を助けます。

**用語解説**
P6-43の本文中（その見開きのなかではじめて出てきたところ）で青色になっている言葉をくわしく解説しています。

# 府省のしくみの 基礎のキソ

府や省の仕事について学ぶ前に、政治のしくみ全体にかかわることについて知っておきましょう。

## 日本の政治のしくみ

日本は、国民が選んだ国会議員が、国会で話しあって国の政治の方針を決めています。国会で決められたことにもとづいて、国の仕事を実施するのが、「内閣」とよばれる組織です。内閣は、内閣総理大臣と国務大臣（内閣総理大臣以外の大臣）でつくられています。

内閣総理大臣は、内閣のリーダーで、国会での選挙により、国会議員のなかから選ばれます。内閣総理大臣は、各府省のトップである国務大臣を任命します。

内閣や府省などが、法律にもとづき政策を実現することを「行政」といいます。地方公共団体の行政は「地方行政」とよばれます。

もとより、日本は法律にもとづいて政治がおこなわれています。その法律は、国会がつくることになっています。

このシリーズは行政についての本ですが、日本の政治は、この行政のほか、司法と立法の3つに権力が分けられ、下の図のように、たがいにはたらきをチェックしあうしくみになっています。このしくみを「三権分立」といいます。

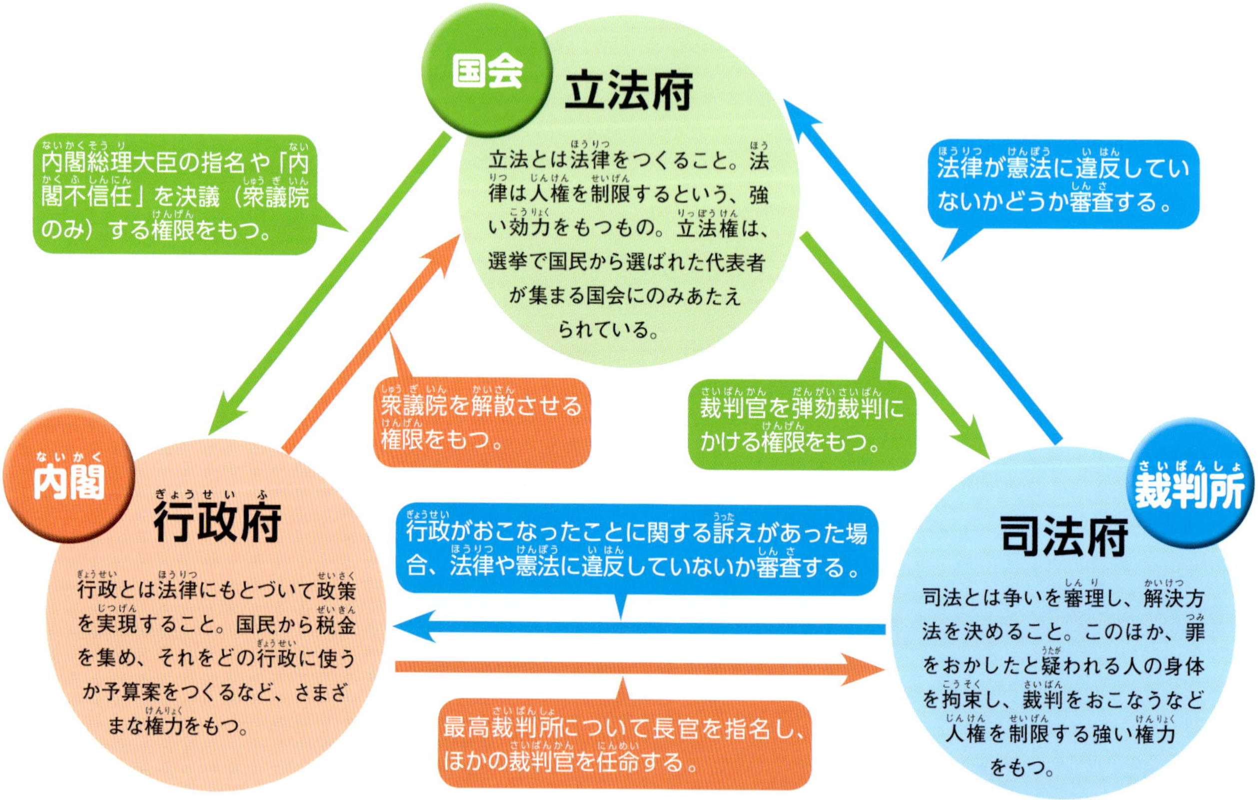

**国会 立法府**
立法とは法律をつくること。法律は人権を制限するという、強い効力をもつもの。立法権は、選挙で国民から選ばれた代表者が集まる国会にのみあたえられている。

内閣総理大臣の指名や「内閣不信任」を決議（衆議院のみ）する権限をもつ。

法律が憲法に違反していないかどうか審査する。

衆議院を解散させる権限をもつ。

裁判官を弾劾裁判にかける権限をもつ。

**内閣 行政府**
行政とは法律にもとづいて政策を実現すること。国民から税金を集め、それをどの行政に使うか予算案をつくるなど、さまざまな権力をもつ。

行政がおこなったことに関する訴えがあった場合、法律や憲法に違反していないか審査する。

最高裁判所について長官を指名し、ほかの裁判官を任命する。

**裁判所 司法府**
司法とは争いを審理し、解決方法を決めること。このほか、罪をおかしたと疑われる人の身体を拘束し、裁判をおこなうなど人権を制限する強い権力をもつ。

## 大臣と職員

　国務大臣（大臣）は、内閣総理大臣が任命しますが、その過半数は国会議員から選ばれなくてはならないと日本国憲法で定められています。大臣の人数は、現在、法律（内閣法）によって、14人以内と定められています。ただし、「特別に必要がある場合」は、3人追加することができます（これを「内閣府特命担当大臣」という）。

　さらに2012年、復興庁（→P36）がもうけられているあいだにかぎり、追加で1人復興大臣をおくことができるという法律がつくられました。また、2015年には、2020年の東京オリンピック・パラリンピックに向けて、担当大臣が1人追加され、大臣数は、2017年現在、16人（追加した場合は最大19人）となっています。

　府省などで働く職員は、「国家公務員」とよばれます。国家公務員の定員は、それぞれの府省で決まっていて、府省をあわせて約30万人いるとされています。

## 府省の仕事

　各府省がどのような仕事をするのかは、法律でくわしく決められています。そうした各府省の具体的な仕事については、このシリーズのそれぞれの巻で紹介していきますが、どの府省にも共通する重要な仕事があります。それは、各府省に関連した法律案をつくったり、予算案をつくったりすることです。また、大臣が国会で議員から質問されたときなどに回答をつくることも仕事の1つです。

内閣総理大臣が大臣を任命し、内閣が発足すると、首相官邸で記念撮影がおこなわれる。

写真提供：内閣広報室

## 府省のしくみ

「はじめに」（→P2）でも記しましたが、現在、省のほかに、1つだけ「府」という、内閣総理大臣が長をつとめる機関があり、これらすべてをまとめて「府省」とよんでいます。

府省には、大臣のもとにサポート機関として「大臣官房」がおかれています。仕事の内容ごとに「局」がもうけられていて、さらにその下に課、室などがあります。

省ほど大きな組織ではないものの、特に必要のある行政については「外局」や「特別の機関」がもうけられることもあります。外局とは、内閣府や省に付属した機関で、特殊な事務、独立性の強い事務をおこなうために設置されます。ただし、復興庁（→P36）や宮内庁（→P30）など、「庁」とよんでいても「外局」ではない機関もあれば、「庁」とつかない「外局」もあります。なお外局の長は、その庁内から選ばれた「長官」がつとめることが多くなっています。「特別の機関」は、外局ほどの規模ではないものの、独立した組織とする必要がある場合におかれる機関です。このほか、政府の事業のうち、運営を効率的にするために独立した法人（組織）としたものを「独立行政法人」といいます。各独立行政法人を担当する府省があり、管理や評価をおこなっています（「管轄」という）。

省の種類や数は、これまで時代の変化とともにかわってきました。また、今後も変化していきます。

## 省の変遷

明治時代になってまもない1869（明治2）年、現在のような組織としてはじめて、民部省、外務省、大蔵省、兵部省、刑部省、宮内省（→P30）の6省がつくられました。その後、必要な業務がふえるとともに省や庁がふえていき、その数は、20以上にものぼりました。なかでも内務省は、強い権力によって国民の監視や統制などをおこなうようになりました。

1945（昭和20）年に第二次世界大戦が終戦をむかえ、1947年に日本国憲法が施行されたあと、内務省が廃止されるなど、省や庁も整備され、省の数は1府12省となりました。その後、経済が回復し、国の行政の仕事が広がると、大臣をおく外局（庁）がふえていき、1990年代には1府22省庁の体制になりました。これは、2017年現在の2倍近くの数でした。

明治時代の外務省。

出典：国立国会図書館ウェブサイト

# 1府22省庁から1府12省庁へ

　1府22省庁体制の時代には、省庁間の横のつながりはあまりなく、「縦割り行政」とよばれていました。縦割り行政の場合、省庁間で協力すれば合理的にできることが、むずかしくなるという問題がありました。

　一方、省庁が強い権力をもちすぎていた状況を批判して「官僚主導」という言葉も生まれました。

　そこで、そうした状況をあらためようと、2001年に「中央省庁の改革（省庁再編）」がおこなわれたのです。省庁の数を半分近くにまでへらして、1府12省庁にまとめる改革で、戦後では最大の大改革となりました。

　このように、省や庁は、全体として適時変化しています。防衛庁が防衛省（2007年）になったり、復興庁（2012年）が新しくできたりと、時代にあわせてかわっているわけです。なお、省や庁をつくるのも、かえるのも、それぞれ、国会で法律がつくられた上でおこなわれています。

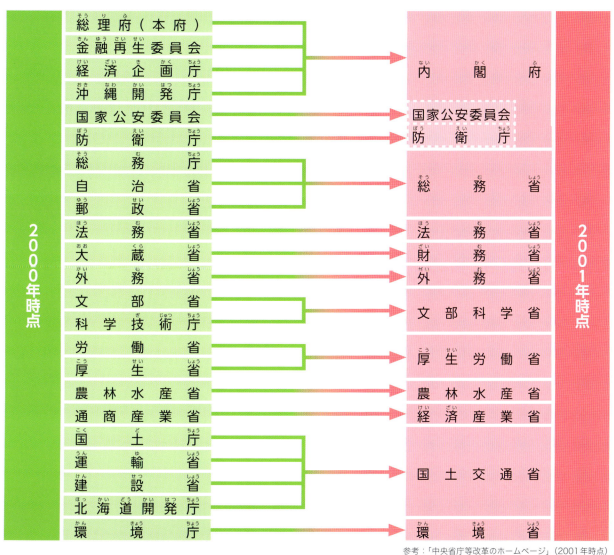

参考：「中央省庁等改革のホームページ」（2001年時点）

# 1 内閣府のしくみ

内閣府は2001年の「中央省庁の改革（省庁再編）」の際に誕生した、新しい機関です。それまでなかった重要な役目があたえられました。

## 内閣府がつくられた理由

2001年に新たに発足した内閣府は、それ以前にあった総理府や経済企画庁、沖縄開発庁（→P16）、金融再生委員会などを統合するかたちでつくられました。

「府」には、もともと「物事の中心となる所」「特に宮廷の文書・財貨を入れておく所」「役人が事務をとる所」などの意味があります。各省をたばねる重要な役割をもつことから、名称は「省」ではなく「府」とされました。

内閣府がつくられたねらいの1つは、内閣をサポートし、内閣がより活躍できるようにすること。それ以前は、省庁が政策に関する多くの情報をもっていたため、内閣が政策を実施しようとしても、各省庁の反対にあってうまくいかないことが背景にありました。

こうした状況を打開するために、内閣府にはほかの省をたばねる役割があたえられ、ほかの省よりも一段高いところに位置づけられました。

内閣府は、東京都にある中央合同庁舎第8号館などに入っている。

いろいろな組織があるね。

府の長はもちろん内閣総理大臣だよ。

（内部部局等）
大臣官房　政策統括官　賞勲局

# 内閣府

## 内閣府には大臣がたくさんいる？

内閣府の長は、内閣総理大臣がつとめます。ふつう、1つの省に大臣は1人とされています。ところが、内閣府には、内閣総理大臣のほか、内閣官房長官をふくめて、8人の内閣府特命担当大臣（→P7）を配置することができるとされています。全大臣の任命権は、内閣総理大臣にあります。内閣府では、とくに重要な政策について、内閣総理大臣が選んだ人物にあたらせることができるのです。

内閣府特命担当大臣は、そのときの内閣が直面する課題に応じて柔軟に設置されますが、以下の3つは必ずおかれることになっています。

- 沖縄及び北方対策担当大臣
- 金融担当大臣
- 消費者及び食品安全担当大臣

## 内閣府の組織

内閣府では、「男女平等にくらせる社会づくり」を進める仕事（→P14）や、沖縄の振興事業（→P16）に関する仕事など、それぞれの部局で専門に担当する仕事の内容が大きくことなります。これは、ほかの省とちがうところです。

内閣府には、重要政策に関する会議（→P13）や外局（→P8）が設置されています。それらには、現在、次のものがあります。

- 金融庁（→P26）
- 公正取引委員会（→P18）
- 消費者庁（→P28）
- 個人情報保護委員会（→P24）
- 国家公安委員会（→P20）

上記のほか、「宮内庁（→P30）」が内閣府のもとにおかれています。また、「中央交通安全対策会議」や「子どもの貧困対策会議」など、そのときの社会に対応した問題について特別の機関がもうけられています。

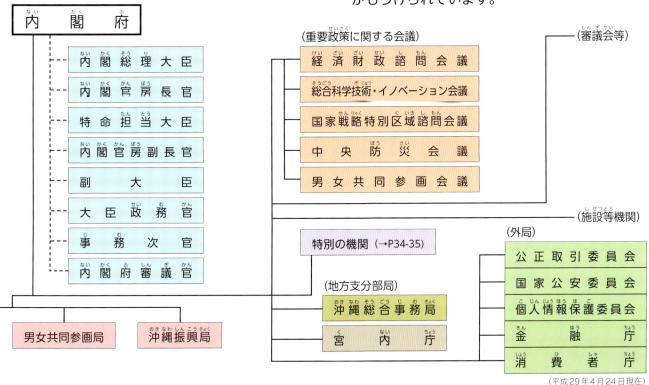

（平成29年4月24日現在）

# 2 内閣をサポートする仕事

内閣府の仕事は、何をおいても内閣をささえること。
内閣の実施する特に重要な政策について、企画案をつくったり、
ほかの省との調整をしたり、内閣の事務を助けています。

## 内閣と内閣府の関係

内閣は、発足するとすぐに公約を実現させるためにさまざまな政策を実行にうつしていかなければなりません。しかし、取り組まなくてはならない政策の数は非常に多くあります。また、その時どきに起こる大きな社会問題など、新たな課題が出てきた場合など、内閣は、国民のためにすぐに対応しなければなりません。

このため、さまざまな政策について、具体的な戦略を立てて進めていくところが必要です。予想しうる事態を想定して、内閣をサポートし、実際の事務を担当するのが、内閣府という役所なのです。

内閣府は各省と交渉し、意見をとりまとめて政策づくりを進めていきます。また、政策案をよりよいものにするために、専門家などをよんで会議を開催し、意見をつのることもあります。その場合、会議の結果をとりまとめて国民に向けて公表します。

### もっとくわしく
### 伝統ある賞勲局

日本には、国や社会に対して功労のある人や社会の各分野ですぐれた業績のある人などを、国として表彰する制度がある。これを「栄典制度」という。

栄典には、大きく「勲章」と「褒章」の2種類があり、いずれも明治時代から続く伝統のあるもの。勲章と褒章の候補者を審査するのは内閣府の賞勲局で、各省や一般からの推薦を受けつけ、栄典の授与に関する事務などをおこなっている。

天皇陛下から勲章を受ける受章者（大綬章勲章）。
写真提供：共同通信社／ユニフォトプレス

2003年に制度の大きな見直しがあったんだ。

13歳の子どもに褒章が贈られたこともあるんだって！

## 内閣府

### 重要政策に関する会議

10ページに記した通り、2001年の省庁再編で内閣府を新設した大きなねらいは、内閣や内閣総理大臣を助ける機能を強化すること。そのねらいを果たせるようにもうけられたのが、「重要政策に関する会議（重要政策会議）」です。この会議には、以下の5つがあります。いずれも国として取り組まなければならないような重要な政策について企画を立案したり、政策を実施するために各省との総合的な調整などをおこなったりするためのものです。

**経済財政諮問会議**
（2001年に設置）
議長 内閣総理大臣

国会議員（10名以内）と国務大臣、民間の有識者などが参加。経済財政政策に関する重要なことがらについて調査し、審議する。

**総合科学技術・イノベーション会議**
（2001年に設置、2014年に名称変更）
議長 内閣総理大臣

国務大臣、有識者などが参加。国の科学技術政策について総合的に審議し、政策の企画立案や調整などをおこない、基本計画をつくる。

**国家戦略特別区域諮問会議**
（2014年に設置）
議長 内閣総理大臣

国務大臣、有識者などが参加。国家戦略特別区域（戦略特区）の基本方針や戦略特区の指定、特区ごとの区域方針の決定、区域計画の認定に関して、内閣総理大臣に対して意見を出す。

**中央防災会議**
（2001年に設置）
会長 内閣総理大臣

国務大臣全員と有識者数名が参加。防災基本計画の作成や、防災に関する重要なことがらの審議などをおこなう。

**男女共同参画会議**
（2001年に設置）
議長 内閣官房長官

国務大臣12名と有識者12名が参加。男女共同参画（→P14）社会をつくり、進めていくための基本的な方針や政策などについて調査や審議をおこない、内閣総理大臣に意見を出す。

重要政策に関する会議の1つである経済財政諮問会議の様子。
写真提供：内閣広報室

# 3 男女共同参画と少子化対策

内閣府は、すべての人が能力や個性をより発揮できる社会をめざし、さまざまな政策をつくって実行しています。また、少子化対応策もおこなっています。

## 男女共同参画とは

男女共同参画は、英語の「ジェンダー イクォリティ（gender equality）」に由来する言葉です。ジェンダーとは、社会的意味あいから見た男女の性区別のこと。すなわち性別に対する一般的なイメージや考え方のことです。「イクォリティ」は「平等」という意味です。

現在の日本では、働く女性がしだいにふえてきましたが、外国とくらべると少なく、特に指導的な立場で働く女性はかなり少ないといわれています。働く女性全体に占める、指導的な立場で働く女性の割合は、日本は約1割ですが、先進国の多くは3～4割であるといいます。このため、日本は男女の格差が大きいと、ほかの先進国などから見られています。

そこで内閣府では、男性と女性を平等に管理職に登用するよう企業によびかけたり、男性に対して男女共同参画の意識を高めるようはたらきかけたりしています。これは、男性だから、女性だから、などといった考え方で、個人としての能力を十分に発揮できないことのないようにするのがねらいです。

積極的に女性の管理職への登用をおこなっている企業もふえている。

### もっとくわしく
#### 日本の男女平等ランキングは？

2016年10月、世界経済フォーラムが各国における男女格差をしめす「ジェンダー・ギャップ指数」を発表。これは、経済、教育、政治、保健の4つの分野のデータから作成され、日本の順位は、144か国中111位だった。2015年には145か国中101位だったので、それよりも下がったことになる。一方、国連開発計画（UNDP）による、男女の不平等による人間開発の可能性の損失をしめす「ジェンダー不平等指数」では、2015年の日本の値は0.166で、159か国中21位だった。

## 日本の少子化問題

近年、日本ではうまれてくる子どもの数がどんどんへってきています（これを「少子化」とよぶ）。一方で高齢化も進み、日本は「少子高齢社会」となっています。

少子化が進んだ理由には、主に次のようなものがあげられます。

- 子どもをうむ世代の人口の割合が少なくなっている。
- 結婚しない人や結婚しても子どもをうまない人がふえている。
- うむ子どもの数をへらす人がふえている。

これらの背景には、育児や教育にかかる経済的な負担がふえていることや、働く女性がふえたにもかかわらず、育児と仕事の両立を可能にする制度や施設が十分に整っていないことなどがあります。

ところが、ヨーロッパでは、女性の社会進出が進んでいる国でも、出生率（合計特殊出生率[*1]）が高い傾向がみられます[*2]。ということは、女性が社会進出しやすい制度や社会体制を整えることが、有効な少子化対策になりうると考えられるのです。

[*1] 1人の女性が一生のうちにうむ子どもの数の平均をあらわす数。現在の日本の人口を維持するためには、2.07以上であることが必要だとされる。
[*2] The Global Gender Gap Report 2016

## 日本の少子化対策

日本では、1994年に厚生省などが中心になって「エンゼルプラン」という少子化対策をはじめました。しかし、それ以降も少子化は止まりませんでした。

そこで2015年、内閣府に子ども・子育て本部（→P34）がつくられ、「認定こども園」などの制度がはじまりました。また、子どもの貧困対策など、将来の日本をささえる基盤づくりも積極的におこなわれだしました。

出生数と合計特殊出生率の年変化
出典：厚生労働省「人口動態統計」

男性と女性が同じように家事や育児をするようになってほしいな。

共働きの家庭で仕事と育児を両立するにはどうしたらいいかな？

# 4 沖縄と北方対策

沖縄や北方領土などに関する政策については、現在、内閣府が担当しています。在日アメリカ軍基地や領土問題など、特殊な課題をかかえていることによります。

## 特別な歴史をもつ沖縄

　第二次世界大戦で敗戦した日本は、アメリカの占領下におかれましたが、1952年に占領をとかれました。しかし沖縄は、その後もアメリカの支配下にありました。1971年、沖縄返還協定が結ばれ、1972年、沖縄はようやく日本に返還されました。ところが、アメリカ軍基地はそのまま残されました。

　こうした特殊な事情をかかえる沖縄については、特に在日アメリカ軍基地に関してアメリカとの連絡や調整などのために専門の機関が必要だと判断された結果、総理府の外局（→P8）として「沖縄開発庁」がつくられました。

### ■沖縄県にあるアメリカ軍基地（本島）

現在も日本に駐留するアメリカ軍基地のほとんどが沖縄県におかれ、その面積は沖縄県全体の約1割、日本におけるアメリカ軍基地の約7割を占める。

　その後、沖縄開発庁は、道路や港湾、空港などといったインフラの整備や、農業や観光業など経済発展の促進などに取り組んできました。

　しかし、沖縄は今も、全国の都道府県のなかで失業率や子どもの貧困率がもっとも高い（2016年）など、多くの課題をかかえています。

　そのため現在、内閣府には「沖縄及び北方対策担当大臣」のもと「沖縄振興局」がおかれ、内閣がより強く主導するかたちでさまざまな政策を進めています。

---

**もっとくわしく**

### 第二次世界大戦後から沖縄返還まで

　アメリカの支配下におかれた沖縄の住民は「日本本土への復帰」を切望していたが、アメリカにとって、沖縄は太平洋における重要な拠点であったため、返還される見通しがなかなか立たなかった。しかも1953年にはアメリカは、基地拡充のために「土地収用令」を出し、住民の土地を強制的に取りあげるにいたった。これが引き金となり、沖縄の日本本土復帰へ向けた運動が日本中に広まった。そうしたなかの1970年、アメリカ兵が起こした交通事故をきっかけにして、沖縄住民の怒りが爆発。アメリカ軍の嘉手納基地周辺で大規模な騒動が起きた。結果、日本とアメリカの政府のあいだで、沖縄返還に向けた協議がはじまり、1971年、沖縄返還協定が結ばれた。

## 内閣府

### 北方領土問題

1951年のサンフランシスコ平和条約で、日本は、千島列島と樺太の領有権を放棄。ソ連（現在のロシア）は、北方四島は、日本が放棄した千島列島にふくまれていると主張し、占領。現在も占領を続けています。

一方、日本は「千島列島に北方四島はふくまれていない」と主張し、その返還を求めてきました。これが「北方領土問題」です。

1956年、日ソ共同宣言が発表され、日本とソ連は、国交を回復。その際にソ連は、「平和条約を締結すれば、（北方四島のうちの2島である）歯舞、色丹を引きわたす」と表明しました。しかし、日本は4島すべての返還を求めています。しかも、2017年現在も、日本とロシアのあいだには、いまだに平和条約が結ばれていません。

隣国同士が平和条約を結んでいないことはよくないと、日本もロシアも考えています。そのため、早く平和条約を結ぼうと、両国で準備を進めています。

北方領土問題は、領土問題・平和条約など、非常に重要な課題であることから、1972年に総理府の機関として「北方対策本部(→P34)」がもうけられました。1984年に総務庁の特別の機関となりましたが、2001年の省庁再編で内閣府の特別の機関となりました。

なお、実際の外交手続きなどは、外務省がおこなっています。

#### もっとくわしく
#### 北方四島とは

「北方四島」は、北海道根室市の北にある、千島列島につらなる、歯舞群島、択捉島、色丹島、国後島（北方四島）をさす。1945年に日本が第二次世界大戦にやぶれるまで日本人が多く住んでいたが、第二次世界大戦末期にソ連（1991年以降はロシア）により占領され、現在は日本人は住んでいない。

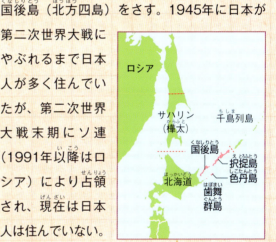

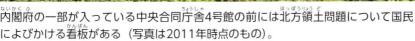

内閣府の一部が入っている中央合同庁舎4号館の前には北方領土問題について国民によびかける看板がある（写真は2011年時点のもの）。

交渉の様子をテレビのニュース番組でみたことがあるよ。

北方領土についてちゃんと知識をもたなければならないね。

# 外局 公正取引委員会

公正取引委員会は、経済の市場で公正な取り引きがおこなわれるように、企業などを監督する機関です。ほかの省などから影響を受けずに仕事をするのが特徴です。

## 自由で公正な経済を守る

日本では、多くの企業が自由で公正な競争をおこなうことで、よりよい商品が、より安く提供されるようになると考えられ、そのためのしくみがつくられています。このように、企業などの売り手と、買い手（消費者）が自由にさまざまな商品を売ったり買ったりする場のことを「市場」といいます。

市場には多くの企業が、多くの消費者に買ってもらうための努力をしています。これを「競争」といいます。たとえば、価格を安くしたり、サービスをよくしたり、商品の性能をよくしたりといったことがあげられます。このように、競争があることで消費者は多くの商品のなかから、よりよいものを選ぶ機会をもつことができるのです。

ところが、市場においてある商品やサービスを提供する会社が1つしかない（「独占」とよぶ）とか、少数しかない（「寡占」とよぶ）ことが、実際にあります。独占・寡占状態にある企業は、勝手に商品やサービスの価格を決められるので、消費者が高いものや、質のよくないものを買わされたりすることが考えられます。このようなことのないようにするため、1947年、「独占禁止法（→もっとくわしく）」という法律がつくられました。

談合の疑いで企業の強制調査に入る、公正取引委員会の係官と検察。　写真提供：共同通信社／ユニフォトプレス

# 公正取引委員会の仕事

公正取引委員会は、独占禁止法の内容を実現するための機関として、1947年に発足しました。2001年の省庁再編では、総務省の外局（→P8）に位置づけられました。しかしその後、より公正に仕事ができるように、2003年に内閣府の外局にかわりました。現在、公正取引委員会は、委員長1名と4名の委員で構成されています。

独占禁止法に違反する行為がおこなわれている可能性がある場合、公正取引委員会は、疑いのある会社に立ち入り検査や事情聴取などの調査をおこないます。調査の結果、違反がみとめられた場合には、「排除措置命令」といって、違反行為をやめさせる命令を出します。不正行為が特に悪質な場合には、罰金を科すこともあります。

① 企業が単独、またはほかの企業と協力して、不当な低価格販売などをおこない、ライバル企業を市場から追いだそうとしたり、市場を独占したりする行為。

② 同種の商品を取りあつかう企業が手を結び、本来なら各企業が各自で決めるべき生産数や出荷数、価格などを共同で取りきめる行為。

③ 入札に参加する企業同士が事前に相談して、受注する企業や受注金額を決める行為。官公庁が発注するものを「談合」、民間企業が発注するものを「受注調整」と分類している。

■ 排除措置命令などが出された件数

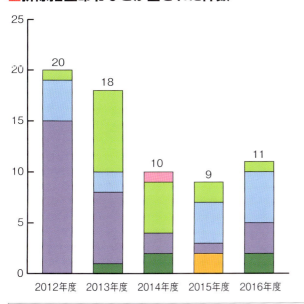

### もっとくわしく
## 独占禁止法とは

正式には、「私的独占の禁止及び公正取引の確保に関する法律」という。この法律の目的は、「私的独占」「不当な取引制限」「不公正な取引方法の禁止」などについて定め、公正かつ自由な競争をうながすことにより、消費者の利益を守り、経済の健全な発達を促進することとされている。

内閣府

# 外局 国家公安委員会

国家公安委員会は、戦後まもない1948年に導入された機関です。現在、内閣府の外局(→P8)とされていますが、中立の立場で警察庁を管理する役割をしています。

## 中立の立場とは

日本国憲法では、いかなる機関や組織も、だれもがもっている権利（人権）を侵害することはできないと定めています。しかし、警察などには、人権を制限できる権力があります。もちろん法律をおかした人に対してですが、組織が人権を制限することにちがいはありません。実際に戦前の日本では、治安維持法という法律のもとで、政府が国民の言論や思想を弾圧したこともあります。

戦後になると、そうした背景から、機関や組織が人権を侵害することのないように、警察などを管理する役割を担う役所がつくられ、その結果、警察制度は大きくかわりました。国家公安委員会が、警察の仕事の基本方針や働き全体を管理するようになったからです。

治安維持法がつくられる際、市民からは反対する運動が起こった。写真は1925（大正14）年。　写真提供：共同通信社／ユニフォトプレス

# 内閣府

## 国家公安委員会の組織

現在の国家公安委員会は、内閣府の外局として、政府（内閣）や裁判所など、ほかの機関から干渉を受けることのないような立場におかれています。委員会は、国務大臣である委員長と、民間から選ばれた5人の委員の計6人で構成されています。

```
国家公安委員会
●委員長（国務大臣）…1人　●委員…………5人
           ↓
        警察庁
           ↓
      都道府県警察
```

## 国家公安委員会の仕事

国家公安委員会の主な仕事は、警察庁（→P22）を管理することです。犯罪の捜査や交通の取りしまりなど、一般の人が「警察」をイメージするような仕事をおこなうのは、都道府県警察です。都道府県には都道府県公安委員会がおかれ、都道府県警察を管理するしくみになっています。

### もっとくわしく
### 緊急事態の布告

内閣総理大臣は、大規模な震災や外国の侵攻などの緊急事態が発生し、社会が大きく混乱するできごとが起きた場合、秩序や安全を維持するため特に必要があるとみとめるときは、「緊急事態の布告」を発することができる。この布告は、国家公安委員会の勧告にもとづいておこなわなければならないとされている。「緊急事態の布告」を発すると、内閣総理大臣は一時的に警察を統制できるようになる。さらに「警察力を超える事態」だと判断すれば、自衛隊の出動を命じることができる。ただし、これまでに「緊急事態の布告」が出されたことはない。

警察庁を監視するところがあるのね。

メンバーはどんな人が選ばれるのかな。

国家公安委員会。中央（写真右から3番目）に委員長がすわっている。

写真：国家公安委員会ウェブサイト

## 特別の機関 警察庁

警察庁は、国家公安委員会の管理のもとで、警察全体についての仕事をする機関です。各都道府県で警察の任務についている都道府県警察の監督もおこないます。

### 警察庁のなりたち

警察庁は、都道府県警察（地方公務員）を指導する国の行政機関で、国家公安委員会の「特別の機関」と位置づけられています（警察庁の職員は国家公務員）。警察庁の長は警察庁長官で、警察官のなかから選ばれ、内閣総理大臣の承認を得て国家公安委員会が任命します。警察庁には、内部部局と3つの附属機関（→右ページ）がおかれています。

現在、地方機関として7つの管区警察局と2つの警察情報通信部があり、また、各道府県には、道警本部・府警本部・県警本部があって、各道府県警察を統括しています。

ただし、東京都だけ東京都警察本部ではなく、「警視庁」とよばれています。道府県警察本部の長は「警察本部長」、警視庁の長は「警視総監」とよばれています。

このように日本の警察は、国の機関である警察庁と、第一線を担う道府県の警察と東京都の警視庁で組織されています。

### 警察庁の仕事

警察庁の仕事は、都道府県警察を指揮監督することが第一にあげられますが、国全体の安全に関係するような事件や、道府県警察や警視庁のそれぞれの管轄をこえて広い範囲にまたがる事件については、警察庁が担当します。

さらに、警察官の教育制度や警察の通信制度に関係した仕事、警察に関するさまざまな統計を発表する仕事などもおこなっています。

国家公安委員会と警察庁は、ともに東京都にある中央合同庁舎第2号館に入っている。

#### もっとくわしく
#### 東京都だけが警視庁とよばれる理由とは

日本では、明治時代になってはじめて警察制度ができた。その当時、首都の治安は国が守らなければならないと考えられたことから、東京にはほかの道府県とはことなる、「警視庁」という組織がつくられた。そのときのよび名が、いまの警察法にも引きつがれている。

# 内閣府

## 警察庁の3つの附属機関

警察大学校は警察官になるための学校じゃないんだね。

皇居の警備は皇宮警察がおこなっているのね。

### 警察大学校

警察の上級幹部に対して必要な知識、技能、指導能力、管理能力を修得させるための教養をおこなうほか、警察の仕事に関する研究をおこなう。

東京都にある警察大学校。
写真：警察大学校ウェブサイト

警察大学校では、財務に関する専門的な知識や技術の必要な捜査に関する研修もおこなっている。
写真：警察大学校ウェブサイト

### 科学警察研究所

犯罪科学に関する総合的な研究機関。生物学、医学、化学、薬学、物理学、農学、工学、社会学、教育学、心理学などについて、専門に応じた部門が配置されている。

科学警察研究所では、より正確に証拠品の鑑定をおこなうために最新技術の導入をはかっている。写真は、DNA80人分を同時に鑑定できる装置。
写真提供：共同通信社／ユニフォトプレス

### 皇宮警察本部

天皇・皇后や皇族の護衛を担当。皇居や御所のほか、公務先や各種式典でも護衛をおこなう。各国の元首や大使、公使が皇居を訪れた際にも護衛につく。皇居や赤坂御用地、御用邸、京都御所、正倉院など皇室関連施設の警備もおこなう。なお、皇宮警察には警察で唯一、万一の場合に消防活動をおこなう任務があたえられている。

# 外局 個人情報保護委員会

近年、IT技術が進化したことを背景に、個人情報の取りあつかいをめぐって問題が起きるようになっています。こうした課題に取り組むためにもうけられている内閣府の外局(→P8)が、個人情報保護委員会です。

## 個人情報とは

「個人情報」とは、名前や生年月日、住所など、「その人がだれなのかわかる」情報のこと。また、マイナンバー(→もっとくわしく)などの番号や顔写真・指紋をデータにしたものなども、その人がだれなのかがわかるので、個人情報にあたります。

近年、他人の個人情報を使って、その人になりすましたり、その人に損害をあたえたりする事件が頻発しています。

このため、個人情報の取りあつかいについての法律がつくられています。会社や店、団体などが個人情報をノートやパソコンなどに記録し、検索できるようなつくりにしている場合、次のような義務が課されています。

- どういうことに使うのかを、客に伝えておく。
- 集めた個人情報を安全に管理し、外部にもれないようにする。
- はじめに決めた目的以外で利用しない。
- 集めた個人情報を、客に無断で他人にわたしてはいけない。
- 客からどのように利用しているかの問い合わせに回答しなければならない。

ぼくの学校の成績も個人情報かな？

ほかの情報と組みあわさったら個人情報になるんだって。

イベント参加時などのアンケートでも個人情報の記入を求められることがあるので注意をはらうことが必要だ。

# 内閣府

## 個人情報保護委員会のなりたち

2014年、主にマイナンバーに関する個人情報についての制度づくりや、行政機関や地方公共団体の監督をおこなう委員会として、内閣府に「特定個人情報保護委員会」が発足。この委員会は、2016年から「個人情報保護委員会」となり、マイナンバーだけでなく、あらゆる個人情報について制度づくりや監督などを担当するようになりました。

個人情報保護委員会は現在、国会の衆議院と参議院の同意を得て内閣総理大臣が任命する委員長1人と委員8人で組織されています。

2014年の特定個人情報保護委員会発足時の写真。およそ2年後に個人情報保護委員会にかわった。

写真提供：共同通信社／ユニフォトプレス

### もっとくわしく
## マイナンバー制度

2016年から導入されたマイナンバー（個人番号）は、日本に住民票をもっているすべての人につけられる12ケタの番号のこと。コンピュータが偶然にまかせてはじきだした番号がわりふられ、原則としてその番号がかわることはない。希望者は、「個人番号カード」の発行を受けることができる。番号の通知や、番号カードの発行は、総務省が担当している。

マイナンバー制度では、社会保障、税、災害対策の3分野において、共通の番号で一人ひとりの情報を管理される。マイナンバーを使えるのは、法律で決められた場合だけで、マイナンバーの不正使用に対する罰則も定められている。「マイナポータル」というシステムにより、マイナンバーのついた自分の個人情報の内容や、その情報をどのように使われたかをインターネット上で自分でチェックできるようになっている。それでも情報流出や悪用などを心配する声があがっていることから、マイナンバーが正しく取りあつかわれるよう、個人情報保護委員会が監視や監督をおこなうこととなっている。

マイナンバーカードのイメージ。

## 外局 金融庁

金融庁は、1990年代に起きた金融危機への反省からつくられた機関です。近年は、IT（情報技術）を活用した金融サービスの広がりに対応するための制度づくりもおこなっています。

### 金融庁がつくられた理由

1990年代の日本では、不景気により銀行や証券会社が次つぎにつぶれるという問題が起こりました。それは「金融危機」とよばれ、社会に大混乱を引きおこしました。

当時、金融機関を監督する役目をもっていたのは、大蔵省でした。しかし大蔵省は、そうした状況を未然にふせぐことも、金融危機に対して迅速に対応することもできませんでした。

この反省から1998年、金融機関を監督する組織を大蔵省から分離させる考えが出され、結果、「金融監督庁」がつくられたのです。2000年には、それまで大蔵省におかれていた金融企画局を、金融監督庁が吸収するかたちで金融庁（総理府の外局）がつくられました。ついで、2001年の省庁再編の際、金融再生委員会も金融庁に統合され、内閣府の外局とされました。

発足から20年をむかえる2018年以降は、金融危機への対応だけでなく、日本の経済を成長にみちびくような金融行政をおこなうことをめざしています。

金融監督庁の誕生は社会的に大きなできごとだったので、1998年の発足式には多くの報道機関が集まった。

写真提供：共同通信社／ユニフォトプレス

# 内閣府

## 金融庁の仕事

金融は国の経済にとって非常に重要です。そのため、金融が安定するように金融庁は、あらゆる金融機関に対し、さまざまな規制をかけたり、銀行法、保険業法、金融商品取引法などの法律が守られているかなど、必要な監督や指導をおこなったりします。

具体的には次のようなことをおこないます。

- 金融制度（お金の貸し借りについてのルール）をつくる。
- 銀行や保険会社、証券会社などが不正をおこなっていないか、金融機関をチェックする。
- 証券市場の株取引について監視する。
- ITを活用した金融サービスについて市場取引のルールや制度を整える（2018年から）。
- 公認会計士の業務をチェックする。

なお、国のお金にかかわる省として、財務省がありますが、財務省は、国の財政や税金の管理をする機関であるのに対し、金融庁は日本国内の金融制度について必要な企画立案や法案の整備をおこなうところです。

金融庁では、ITを活用した金融サービス「フィンテック」の推進に向けて、外国との協力体制も整えている。

写真：金融庁ウェブサイト

### もっとくわしく
## 証券取引等監視委員会

金融庁には特に証券取引について監視をおこなう組織として「証券取引等監視委員会」がもうけられている。金融商品取引法にもとづき、証券会社などの検査をおこない、インサイダー取引など、不正な株式取引を摘発する。また、不正な取引のうたがいがあり、調査した結果、不正な取引であると判断された場合には、当事者をよんで審判が開かれる。

インサイダー取引をめぐる金融庁での審判の様子。
写真提供：共同通信社／ユニフォトプレス

世界ではビットコインとか、仮想通貨の利用が急増しているんだって。

日本もはやく体制を整えなければいけないね。

# 外局 消費者庁

2000年代後半、安全や安心をそこなうような問題があいついで発生。消費に関する行政のあり方が見直されたことにより、2009年に発足したのが、消費者庁です。

## 消費者庁がつくられた理由

2000年代後半、ガス中毒事故や食中毒事件など、大きな問題が起こりました。

当時、肉の場合、消費者にとどくまでには、農林水産省や厚生労働省などいくつもの省がかかわってきました。このため、何か起こったときでも、その責任範囲が問題となり、適切な対応を迅速にとることができませんでした。

しかも、それまでは、さまざまな制度があっても、それは生産者のためのもので、決して消費者を守るための制度とはいえないものでした。そこでつくられたのが消費者庁です。

消費者庁は、事故や事件などが生じた際、消費者が相談できる窓口となり、消費者からの情報を聴取してまとめ、各省に対応を求めていく役割を担っています。

食べ物やおもちゃもトラブルになることがあるんだって！

インターネットでのトラブルにまきこまれる子どもがたくさんいるんだよ。

### もっとくわしく
### 消費者センター

現在、だれもがアクセスしやすい相談窓口として、「消費者ホットライン」という電話窓口がもうけられている。消費者ホットラインでは、都道府県や市区町村にもうけられている消費者センターなどを案内し、消費者はそこで相談ができる。消費者センターが休みの日などには、消費者庁が管轄する独立行政法人の国民生活センターが相談を受けつけるようにして、1年中、相談ができるようなしくみをつくっている。

国民生活センターの相模原事務所（神奈川県）。
写真提供：共同通信社／ユニフォトプレス

# 消費者庁の仕事

消費者庁の役割は、国民を消費トラブルから守り、安全にくらせるようにすることです。消費者庁では、消費者が商品・サービスを適正に選択できるよう、表示ルールを定めています。

発生したトラブルの情報は、消費者庁でまとめ、関係している企業などを調査します。その後、関係する省に対して適切な措置をとるよう勧告したり、企業に対して取り組みの支援や指導をしたりします。問題のある企業には、立ち入り検査や勧告、命令を発する権限ももっています。

また、消費者がトラブルにあうのを未然に防ぐことができるよう、実際に起きた事故やトラブルの例を広く知らせるなど、消費者教育にも取り組んでいます。

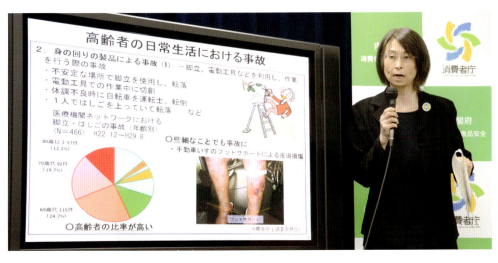

高齢者の事故について注意をよびかける消費者庁の長官。
写真提供：共同通信社／ユニフォトプレス

## ■消費者庁が担当する消費トラブル

| | 消費者庁は、次のような法律や制度にもとづいて消費トラブルの対応をおこなっています。 |
|---|---|
| 消費者安全法 | 生命・身体や財産にかかわる消費者被害について、消費者への情報提供などを通じて、被害の発生や拡大の防止をはかる。 |
| 消費者契約法 | 消費者が事業者と結んだ契約について、事業者による不当な勧誘行為によって結ばれた場合の契約の取りけし、不当な契約条項の無効などを定める。 |
| 景品表示法 | 偽装表示や誇大広告など、商品やサービスについての不当な表示などを規制する。 |
| 食品表示制度 | 食品表示法、食品衛生法、JAS法、健康増進法にもとづいて、適切な食品表示制度をあつかう。 |
| 特定商取引法 | 訪問販売、通信販売、電話勧誘販売など、トラブルになりやすい取り引きを対象に、事業者の不当な勧誘行為を取りしまるための「行為規制」や、トラブル防止・解決のためのルールを定める。 |
| 製造物責任法（PL法） | 製品の欠陥により生命や身体、財産などに被害が生じた場合などに、製造業者が負う損害賠償責任について定める。 |

# 宮内庁

宮内庁は、皇室関係の事務や、天皇の国事行為に関する事務を担当する行政機関です。内閣府におかれていますが、外局（→P8）ではありません。

宮内庁の庁舎は、ほかの省の庁舎がある霞が関ではなく、江戸城跡にある皇居内にある。皇居内の警備は、皇宮警察本部（→P23）がおこなっている。
写真提供：共同通信社／ユニフォトプレス

## 宮内庁の特別な仕事

宮内庁の仕事は、天皇や皇族の活動の世話をすることです。日本国憲法第7条で定められている天皇の国事行為のうちで、儀式にかかわる事務と外国の大使や公使の受けいれを担当しています。

また、内閣総理大臣や国務大臣を任命するときなどに用いられる御璽（天皇のはんこ）や、日本国の印鑑である国璽を管理する重要な役目も担っています。さらに、皇居や京都御所、天皇や皇族の古墳など、皇室関連施設の管理なども宮内庁がおこないます。そのほか、皇室で支出するお金の管理や、宮内庁病院の運営などもおこなっています。

病院の運営もしているのね。

いろいろな仕事があるんだね。

## 内閣府

### 宮内庁のなりたち

1889（明治22）年、大日本帝国憲法（明治憲法）の発布とともに皇室典範（→もっとくわしく）がつくられ、「皇室自律の原則」が確立しました。ついで1908（明治41）年には、皇室令による「宮内省官制」が施行され、宮内大臣は皇室一切の事務について、天皇に助言する機関とされました。

第二次世界大戦後、宮内省の事務の多くがほかの政府機関にうつされたり、独立した別の機関とされたり、しくみや組織全体の縮小が進められました。1947年には、日本国憲法の施行により、内閣総理大臣の所轄の機関である「宮内府」となりました。ついで1949年に総理府の外局にうつされて「宮内庁」と改称されました。さらに、2001年の省庁再編（→P9）で、宮内庁は内閣府におかれることになりました。

宮内庁の長は宮内庁長官といいますが、長官以外の役職には、侍従長や東宮大夫などをはじめ、伝統にもとづいた特別な名前が用いられています。

---

**もっとくわしく**

### 皇室典範とは

そもそも皇室とは、天皇や皇族の人びとのこと。日本の皇室は非常に長い歴史をもち、その起源は6～7世紀にまでさかのぼるといわれている。皇室典範とは、皇位継承や天皇・皇族の身分など、皇室に関することがらを規定した法律のこと。1947年、日本国憲法の施行とともに、一般の法律として制定された。

---

皇居内には、天皇のすまいである御所をはじめ、さまざまな行事をおこなう宮殿のほか、皇宮警察本部がおかれている。

# 内閣府の独立行政法人

独立行政法人とは、政府の事業のうち研究機関などについて、運営を効率的にするために、独立した法人としたものです。担当する府省から出る運営費交付金によって運営をしています。内閣府は、3つの独立行政法人を管轄しています。

## 国立公文書館

「公文書」とは、国や地方公共団体の機関や公務員がつくった文書のことをいいます。公文書は、行政の活動の記録としてだけでなく、国民への説明責任をはたす資料として、重要なものとされています。そこで、そうした公文書を保存し、管理するために、1971年に総理府の附属機関として国立公文書館がもうけられました。2001年から内閣府が管理を受けもつ独立行政法人です。

現在、右のような資料が保存されています。

2001年には、国立公文書館の組織としてアジア歴史資料センターがつくられ、国立公文書館だけでなく、外務省や防衛省などが保管している資料もデジタル化して保管しています。

行政文書は、2011年の公文書管理法によって保存されることになったものです。行政のつくった公文書のなかでも、法律の制定、条約の締結、閣議の決定などにかかわる公文書が対象となります。それ以外の公文書でも、各省が歴史資料として重要な価値があると判断したものも保存されます。ただし、重要な公文書がまちがってすてられることのないよう、内閣府でも審査をしています。

- ●行政文書：各府省などから国立公文書館にうつされた文書
- ●司法文書：司法機関からうつされた文書と、国立大学からうつされた民事裁判の判決の原本
- ●法人文書：独立行政法人からうつされた文書
- ●寄贈・寄託文書：国立公文書館に寄贈、または寄託された文書
- ●内閣文庫：江戸幕府から明治政府が受けついだ書籍や、明治時代のはじめ頃に政府が資料として購入した和書、漢書、洋書

国立公文書館は東京都におかれている。

## 北方領土問題対策協会

　北方領土問題対策協会は、北方領土問題（→P17）について広く国民に知らせ、議論されることを目的に1969年にもうけられました。2003年、独立行政法人となりました。主に次のような事業をおこないます。

- 北方領土問題に関するイベントを開催したり、参加したりして啓発活動をおこなう。
- 北方四島にくらすロシア人と、元島民との交流事業をおこない、相互理解をうながす。
- 戦前の北方四島でのくらしや、引き揚げのときの様子などに関する資料や証言を集めて保存する。
- 北方四島にかつてすんでいた人やその家族、周辺地域で漁業をいとなんでいた人に対し、事業のための資金を貸しだす。

## 日本医療研究開発機構

　日本医療研究開発機構は、医療分野の研究開発において、2015年に設立された機関です。それ以前は、文部科学省、厚生労働省、経済産業省が予算をもっていた医療に関する研究事業を、まとめて実施していくこととなりました。主に以下のような分野について、基礎段階から実用化まで一貫した研究開発を進めていくことになっています。

- 新型インフルエンザ、デング熱、エイズなどの感染症の診断、予防、治療法の研究開発
- 血液からがんを早期発見する研究の実用化
- 難病の診断確定と病態解明を進める体制づくり
- すぐれた新薬の開発
- 再生医療に関する研究・技術開発
- 人間の脳に関する基礎研究
- 遺伝情報（ゲノム）を解析し、ゲノムとかかりやすい病気について解明する研究

とくに内閣府が主導していくことになっている分野なのね。

いろいろな分野の仕事があるね。

# 5 内閣府の特別の機関

内閣府には、ほかの11省とくらべて「特別の機関」が特に多くあります。ここでは、それぞれの仕事をかんたんに紹介します。

## 地方創生推進事務局

日本の大都市圏以外の地域で急速に進む人口減少や高齢化などの問題をふまえ、各地域の特徴をいかした社会づくりを推進するための施策に取り組む。

## 知的財産戦略推進事務局

知的財産とは、著作権や特許権など、知的創造活動によってうみだされたもののこと。国の産業の国際競争力の強化をはかることの必要性が増しているなかで、知的財産の創造や保護、活用に関する施策の推進に取り組む。

## 宇宙開発戦略推進事務局

宇宙開発や利用を推進するにあたっての基本的な方針や、宇宙基本計画の作成などに取り組む。

出典：qzss.go.jp

## 北方対策本部（→P17）

北方領土問題について、広報・啓発などをおこなうほか、北方四島との交流事業など、解決に向けた施策の推進に取り組む。関係する省との連絡調整もおこなう。

## 子ども・子育て本部

子ども・子育ての支援のための基本的な政策や、少子化対策の作成や推進に取り組む。

## 総合海洋政策推進事務局

海洋に関する政策についての事務を担う。国境近くの離島振興に関する業務を担当する。

## 金融危機対応会議

金融機関の大規模な破綻などといった金融危機が起きた際の、対応方針などについて話しあう。

## 民間資金等活用事業推進会議

公共施設などの建設や維持管理、運営について、民間の資金や経営手法を活用することで、行政の負担の軽減をはかる。

## 子ども・若者育成支援推進本部

「子供・若者育成支援推進大綱」が実施されるよう取り組み、子ども・若者育成支援に関する重要なことがらについて話しあう。

# 内閣府

## 少子化社会対策会議
少子化社会対策の基本方針の案をつくり、必要な関係行政機関との調整などといった施策の推進に取り組む。

## 高齢社会対策会議
高齢社会対策大綱の案をつくり、関係する行政機関の調整、高齢社会対策について重要なことがらを話しあい、対策が実施されるよう取り組む。

## 中央交通安全対策会議
交通安全基本計画を作成し、計画が実施されるよう取り組む。その他安全に関する総合的な施策で重要なものの企画について話しあい、実施されるよう取り組む。

## 犯罪被害者等施策推進会議
犯罪被害者のための施策の実施を進め、その実施状況を検証し、評価をおこなう。

## 子どもの貧困対策会議
「子供の貧困対策に関する大綱」が実施されるように取り組む。

## 成年後見制度利用促進会議
認知症、知的障がい、精神上の障がいがあることにより、財産の管理や日常生活などに支障のある人をささえるしくみである成年後見制度が十分に利用されるよう取り組む。

## 消費者政策会議
消費者基本計画の案を作成するほか、消費者政策を進めるための企画について話しあい、実施していく。また、推進状況の検証、評価、監視に取り組む。

※会議の庶務は消費者庁（→P28）が担当する。

## 国際平和協力本部
日本が国際連合平和維持活動（PKO）に参加する際に、計画をつくったり現地調査をおこなったりする。国際連合平和維持軍との情報交換もおこなう。本部長は内閣総理大臣、副本部長は内閣官房長官がつとめる。

## 日本学術会議
日本の科学者による会員210人からなる。日本の科学政策について話しあい、向上や発展に向けて取り組む。

出典：日本学術会議ウェブサイト

## 官民人材交流センター
早期退職する国家公務員の民間企業への再就職について、あっせんを一元化しておこなう。

## 原子力立地会議
原子力発電所などを建設する地域の振興や計画案について話しあう。

# 1 復興庁のしくみ

復興庁は、2011年に起きた東日本大震災から10年間の期間限定でつくられた機関です。復興に向けた取り組みを迅速に進めていく役目をもっています。

## 復興庁ができるまで

2011年3月11日、東日本大震災が発生。震度6弱以上を観測した地域が8県（宮城県、福島県、茨城県、栃木県、岩手県、群馬県、埼玉県、千葉県）におよぶ大地震でした。太平洋の海岸地域を巨大津波がおそい、地震と津波による死者は1万5000人を超え、現在でも2000人以上が行方不明になっています。

さらに東京電力福島第一原子力発電所では、津波で電源が失われたことにより、水素爆発と、原子炉のメルトダウンが起きてしまいました。これは、世界の原発事故のなかでも、もっとも深刻な事故の1つとなりました。

地震大国ともいわれる日本では、これまでも各地で大地震が発生し、その度に、死者や行方不明者を出し、住宅の被害や、インフラ（水道や電気、道路、鉄道などの社会基盤）の破壊も受けてきました。以前は復興にあたり、道路工事は国土交通省へ、学校などの再建は文部科学省へというように、それぞれの管轄ごとに復興計画を立てなければなりませんでしたが、合理的でないという問題がありました。

東日本大震災からわずか3か月後の2011年6月、10年後の2021年3月末までを「復興期間」として、その期間限定で復興庁を設置することが決まり、復興に向けた取り組みを迅速に進めていく役割があたえられました（実際に発足したのは2012年2月）。

急な発足であり、経験豊富な人材が求められていたことから、復興庁の職員はほかの省から派遣された。

写真提供：内閣広報室

# 復興庁

## 復興庁の組織

　復興庁の長は内閣総理大臣で、事務を統括する復興大臣がおかれています。復興庁の長に内閣総理大臣をあてているのは、大きな震災による被害からの復興に向けてさまざまな計画を迅速に実現するには、強力な指導力が必要だからです。また、さらに強力に復興計画を実行していくために、専門の大臣（復興大臣）をおき、内閣総理大臣を助けることとされました。

　復興庁発足前、本庁は東北におくべきだという意見がありました。しかし、東京都内にあるほかの省とかかわる仕事が多いことなどから、本庁は都内に設置されました。

　ただし被災地との相談窓口を担う「復興局」は、岩手県、宮城県、福島県の各県庁所在地におかれました。また、支所と事務所が上記3県に青森県と茨城県を加えた合計5県内に8か所もうけられました（青森事務所は2016年3月に閉鎖）。

## 復興庁の主な仕事

復興庁は、主に次のような仕事をしています。

- 復興に必要な政策を企画する。
- 実施にあたって工事などの作業を各省にわりふる。
- 事業に必要な予算を配分する。
- 被災した227市町村に対し、復興特別区域（復興特区）の認定をおこなう。復興特区とは、まちづくりやその地域特有の産業の再開など、復興に必要な事業に対して従来の規制や税制がゆるめられる地域のこと。
- 復興交付金を配分する。復興交付金とは、復興特区法にもとづき、国から被災した地方公共団体に配られるお金。地方公共団体の復興プランを支援する目的がある。ただし、2021年度末までに使わなければならないとされる。
- 被災した地方公共団体からの相談を受ける。

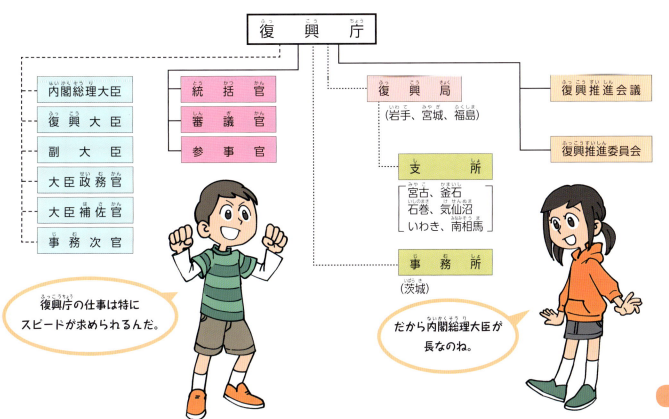

復興庁の仕事は特にスピードが求められるんだ。

だから内閣総理大臣が長なのね。

# 2 産業の復興

復興庁では、東日本大震災で失われた産業基盤の復興はもちろん、復旧できたあと、いっそう産業をもりあげていくための支援活動をおこなっています。

## 「集中復興期間」から「復興・創生期間」へ

復興期間とした「10年」は、被災各県の計画にてらして、阪神・淡路大震災の経験をふまえながら決めたといいます。

実際には2015年度までの前半5年間が「集中復興期間」とされ、復興事業が進められてきました。そして、2016年4月からは後半に入り、「復興・創生期間」として、主に都道府県や市区町村が必要と判断した事業を支援する活動がおこなわれています。

2017年11月には東北中央自動車道で福島県（大笹生）ー山形県（米沢北）が結ばれた。
写真提供：復興庁

## 産業インフラの復興

震災では、地震や津波などにより、道路や河川、上下水道など、生活をささえる設備が深刻な被害を受けました。また、工場や倉庫など、産業にかかわる多くの施設が壊滅状態になりました。これらにより、東北地方の産業は震災直後の一時期、落ちこんでしまいました。

それでも、復興庁が各都道府県や市区町村と話しあいながら復旧・整備に尽力したこともあって、2020年をめどに復興道路の完成や鉄道の復旧が見こまれています。現在も、さまざまな復興計画が日び進められています。

しかし、産業の復興については、農業や水産業、製造業など、十分に回復した産業もあれば、観光業など、復興がおくれている産業もあります。

そこで2017年現在、復興庁では、観光庁などと協力して、東北の観光の推進に向けた取り組みを進めています。

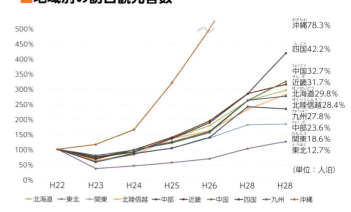

地域別の訪日観光客数

## 復興庁

### 復興五輪

日本では、2020年の東京オリンピック・パラリンピック開催を「復興五輪」と位置づけています。復興庁では、震災からの復興をあとおしし、復興しつつある東北の姿を海外に向けて発信する取り組みが進められています。

### 「新しい東北」とは

現在、復興庁が進めている取り組みの1つに「新しい東北」というものがあります。復興庁は、この間、被災地の市区町村、民間企業、大学、ＮＰＯなど、さまざまな組織や団体が、まちのにぎわいを取りもどすために、これまでの手法や発想にとらわれない新しい企画に挑戦するのを支援してきました。

その1つが、被災地の復興や地域振興をもりあげるために2014年度から実施されている、「『新しい東北』復興ビジネスコンテスト」です。また、復興事業をおこなう企業やＮＰＯに対し、補助金を出すなどの支援もおこなってきました。

宮城県の石巻市では2017年7月に、2020年東京オリンピック・パラリンピックをもりあげるイベントがおこなわれた。

写真：復興庁ウェブサイト

2020年の東京オリンピック・パラリンピックは、「復興五輪」なのね。

聖火リレーの出発地は注目されるよ。

2017年のコンテスト授賞式。

写真提供：復興庁

# 3 くらしの復興

東日本大震災後、多くの人が避難生活を余儀なくされています。避難者数は年ねんへってきてはいますが、避難生活を続けている多くの人たちには支援が必要です。

## 避難生活への支援

震災により、非常に多くの人が自宅をはなれ、避難生活を送っています。

被災地では、都道府県や市区町村が仮設住宅や公営住宅を整備するなど、積極的に避難者を支援してきました。今後は、住宅の再建をさらに進めて、仮設住宅の利用者をへらしていくことをめざしています。

一方、地元の県をはなれ、遠くの地域に避難した人も少なくありません。2017年4月現在でも約11万人の避難者総数の半数が、地元以外への避難者だとされています。

復興庁はこれまで、避難生活をおくる人びとに対し、住宅の再建にかかわる手続きをかんたんにしたり、くらしの再建をあとおしする支援活動をしてきました。

福島県の応急仮設住宅を訪問する復興大臣。

写真提供：復興庁

# 復興庁

## 「心の復興」

東日本大震災では、地震のショックや避難生活で体調をくずしたり、精神的に追いつめられたりした結果、時間がたってから亡くなる人も少なくありませんでした。余震があるたびに記憶がよみがえるなど、被災者のストレスもたまっているといいます。今後、避難生活がさらに長期化するにつれて、避難者の心のケアがますます重要になっています。

そこで復興庁では、「心の復興」をかかげ、手厚い支援をおこなっていくこととしています。具体的には、ふるさとに関連する行事などを通じて、人びとの交流を活発にするとともに、生きがいをもって生活できるような事業に対して交付金を出し、支援しています。

## 被災地の人口減少

2015年の国勢調査によると、震災被害の大きかった岩手県、宮城県、福島県では、この5年間で人口があわせて約18万人減少したことがわかりました。近年、人口減少は全国的な傾向ですが、この3県の人口減少はいちじるしく、それにより労働力が不足し、経済活動も停滞してしまいました。

とくに人口が大幅に減少した沿岸地域では、深刻な人手不足におちいり、重要な産業である水産加工業では、建物や設備の復旧が進みながらも活気を取りもどせないという事態も起こっています。

復興庁では、このように全国に共通する課題について、被災地を「課題先進地」ととらえ、地方創生のモデルとなる有効な対策やノウハウづくりの支援をおこなっています。

仮設団地での孤立防止やコミュニティーづくりを目的に開かれているお茶会に参加し、意見を聞く復興大臣。

写真提供：復興庁

# 4 福島・原子力災害からの復興

福島県では地震と津波におそわれたうえ、原発事故により一部の地域の人たちは、強制的に家をはなれさせられ、放射性物質になやまされながらの避難生活を送ることになりました。

## 原発事故と避難指示

福島第一原子力発電所の事故（→P36）では、放射性物質がもれだす深刻な事態となりました。放射線量が高いとみられる地域では、事故直後ただちに避難指示が発令され、2011年4月時点での避難対象者は、福島県の11市町村の約8万1000人にのぼりました。

その後、区域の見直しがおこなわれ、2012年に「帰還困難区域」「居住制限区域」「避難指示解除準備区域」の3地域に分けられました。2017年4月までには、帰還困難区域以外の地域（4町村、3万2000人）については、避難指示が解除されました。また、2022年までには、帰還困難区域の一部についても、避難指示を解除する方針が出されました。

この間、復興庁と環境省、農林水産省は、たがいに連携して、放射性物質を取りのぞく除染（→もっとくわしく）を進めてきましたが、まだまだ完全でないのが実情です。

■避難指示が出された区域（2011年5月時点）

2022年といったら、震災から10年以上たっているね。

避難指示が解除されても、前のようなくらしにもどるのはかんたんではないよね。

### もっとくわしく
## 除染とは

生活空間で受ける放射線の量をへらすために放射性物質を取りのぞいたり、土でおおったりすることを「除染」という。現在、年間追加被ばく線量が20ミリシーベルト以上の地域については、その面積を迅速に縮小することをめざし、現在20ミリシーベルト未満の地域では、長期的に年間1ミリシーベルト以下になることをめざして除染がおこなわれている。

## 避難者への支援

福島県の場合、原発事故の影響が大きい海岸地域から、同じ県内でも会津などの遠くはなれたところへ、また、県外へ避難する人たちが多くいました。2017年現在でも約3万5000人が、県外での避難生活を送っているとされています。

東日本大震災の避難者の数は、全体としては年ねんへっていますが、福島県では、今なお自宅にもどっていない人が多くいます。この背景には放射性物質による汚染問題があるのはいうまでもありません。

復興庁では、福島県が避難者に対しておこなっている支援策に、交付金などを活用して支援をおこなっています。全国26か所に「生活再建支援拠点」とよばれる相談窓口を整備し、避難先でも地元への帰還や生活の再建に向けて必要な情報を手に入れたり、相談したりしやすい体制をつくっています。

■福島県から県外への避難者数の推移

（毎年10月ごろの数値）

### もっとくわしく
### 風評被害対策

東日本大震災後、福島県産の農林水産物の一部や水道水から、基準値以上の放射性物質が検出され、出荷に制限がかけられた。こうしたことで、福島県産の食品をさける動きが広がり、農家や漁業者は大打撃を受けた。

その後、除染が進められ、放射性物質はほとんど検出されなくなっている。万が一検出された場合にも、流通しないような体制がとられている。しかし消費者庁（→P28）の調査によれば、いまだに福島県産の農林水産物は敬遠される傾向にあり、農業生産額や漁業生産額は回復していない。

現在、福島県では食品にきびしい検査をおこない、復興庁や農林水産省では、被災地産の農産物などのPRに力を入れ、各省が使っている食堂で福島県産の食材を優先的に活用し、安全であるとのアピールをおこなっている。

合同庁舎の食堂で風評被害対策として福島県産の食材を使用した特別メニューを食べて、安全性をPRする復興大臣。
写真提供：復興庁

# 用語解説

用語解説では、P6～43の本文に出てくる青色になっている言葉をのせています。

## あ

### インサイダー取引 ……………… 27

会社の経営状態など、内部の情報を入手できる立場にいる人が、情報が外部に公表される前にその会社の株式などを売買すること。ほかの投資家とのあいだに不公平が生じることから、金融商品取引法で禁止されている。

### NPO ……………………… 39

Non Profit Organization（非営利組織）の略で、営利を目的とせず、主に国際平和や人権などの分野で国際協力活動をする民間の組織。

### 大蔵省 …………………… 8,26

1869年に発定した省の１つ。財産の管理や造幣などを担当。1871年、民部省の廃止にともない、徴税も担当することになる。2001年の省庁再編によって財務省となった。

### 沖縄返還協定 ……………… 16

日本とアメリカのあいだで1971年に調印された協定。沖縄の施政権（立法権、行政権、司法権を行使する権限）が返還されたが、その裏でいくつもの密約が結ばれたとされている。

## か

### 株取引 …………………… 27

株とは、株式ともよばれ、企業が資金を調達するために発行するもの。株式の取引は、証券取引所でおこなわれる。

### 刑部省 …………………… 8

1869年に発定した省の１つ。司法に関する行政や事務、裁判を担当していた。司法省の発定にともない、1871年に廃止された。

### 金融再生委員会 …………… 10,26

1998年、当時の金融危機に対応するため、内閣府の外局として２年間の期間限定で発定した機関。経営の悪化している金融機関の検査や監督、破綻処理、公的資金（税金）の投入（株式の購入）などをおこなっていた。

### 経済企画庁 ……………… 10

1955年に、経済審議庁の組織をかえて発定した総理府の外局。毎年度の経済計画のほか、長期的な経済計画をつくるなど、経済に関する基本政策の企画を担当していた。

### 厚生省 …………………… 15

1938年に内務省から分離するかたちで発定した省。社会福祉や社会保障、公衆衛生などを担当していた。2001年、労働省と統合されて厚生労働省となった。

### 公認会計士 ……………… 27

会計監査をおこなう資格をもち、それを仕事としている人。企業や個人の財務の状況について、正しいかどうかをチェックし、それを証明する。

### 国際連合平和維持活動（PKO） ……… 35

紛争の拡大防止や、治安維持のために、国連が世界の紛争地域でおこなう活動。

### 国事行為 ………………… 30

国の政治行為のなかで、天皇がおこなう、直接、政治には影響しない形式的な儀式のようなもののこと。内閣の助言と承認にもとづく国会の召集、法律や条約の公布、衆議院の解散、総選挙（衆議院議員選挙）の公示、国務大臣などの任免、大使などの信任状の認証、批准書など外交文書の認証、外国の大使などの接受のほか、国会の指名にもとづく内閣総理大臣の任命、内閣の指名にもとづく最高裁判所長官の任命などがある。

### 国勢調査 ………………… 41

日本に住んでいるすべての人および世帯に対しておこなわれる統計調査。国のもっとも重要で基本的な調査といわれている。国内の人口や世帯の実態を明らかにするために、５年ごと（西暦の末尾が０と５の年）に、10月1日現在の状況について調査する。

### 国民生活センター ……………… 28

国民生活をよりよくする目的で、国民の生活に関する調査をしたり、情報提供をしたりする組織。

## さ

### サンフランシスコ平和条約 …………… 17

第二次世界大戦後、アメリカのサンフランシスコで調印された。GHQに占領されていた日本が主権を回復することや、日本が第二次世界大戦中に得た領土をどうするかということなどが定められた。

### シーベルト ………………… 42

放射線による人体への影響の度合いを表す単位。放射線は自然界にもあり、人間は宇宙や地面、食べ物などから1年あたり世界平均で2.4ミリシーベルトの放射線をあびている。

### 自衛隊 …………………… 21

1954年に発定した日本の自衛のための組織。防衛省に属するが、最高指揮官は内閣総理大臣で、防衛大臣が指示を出すとされている。陸上自衛隊、海上自衛隊、航空自衛隊がある。

### 住民票 …………………… 25

市町村や特別区がつくる、住民についての記録。名前や住所、生年月日、世帯の構成などが記される。

## 少子高齢社会 ·························· 15

15歳未満の年少人口の割合が低く、高齢者（65歳以上）の割合が高い社会のこと。

## 正倉院 ································· 23

奈良・平安時代の皇室の宝物をおさめた倉庫を「正倉」といい、その正倉が集まった場所を「正倉院」という。現存しているものが東大寺のみのため、東大寺正倉院のことを指すことが多い。東大寺正倉院は東西文化交流を伝える遺品が多く収蔵されていることで有名。

## 総務庁 ································· 17

1984年、総理府と行政管理庁を統合し、総理府の外局として設置された機関。2001年に自治省、郵政省と統合されて総務省となった。

## 総理府 ················ 10,16,17,26,31,32

省庁再編以前の１府22省庁で１府にあたる行政機関。内閣総理大臣を長とする。1947年、日本国憲法の施行にともなって発足した総理庁を発展させるかたちで1949年に発足した。省庁再編により、沖縄開発庁、経済企画庁と統合されて内閣府となった。総理府時代には総務庁、防衛庁、経済企画庁、環境庁、国土庁などの外局をもっていた。

---
### た
---

## 大日本帝国憲法 ······················ 31

1889年に公布された日本最初の近代憲法。プロシア憲法を参考に、天皇を中心とした体制をしいた。

## 地方公共団体 ··················· 6、32、37

日本の各地域の政治を運営する組織のこと。地方自治法によって定められている。全国は47の都道府県に分けられ、都道府県はさらに市町村などの地域に分けられている。

---
### な
---

## 内閣官房長官 ························· 11

国務大臣の１人で、内閣官房の長をつとめる。内閣官房は、内閣総理大臣を直接補佐する機関。

## 内務省 ·································· 8

1873年に設置された、中央行政をおこなう省。警察、地方行政、土木事業など、国内の行政を統括した。

## 日ソ共同宣言 ························· 17

1956年、日本とソビエト連邦（ソ連）のあいだで結んだ条約。これによって両国の国交が回復した。また、「平和条約の締結交渉を続けること」「平和条約が締結されれば、歯舞群島と色丹島を返還する」とされている。

## 日本国憲法 ················· 7,8,20,30

1946年に大日本帝国憲法を改正して公布された、現在の日本の憲法。「国民主権」「基本的人権の尊重」「平和主義」を三大原理として、前文と103の条文からなる。

## 認定こども園 ························· 15

一定の条件を満たした幼稚園か保育園で、０歳から就学前の子どもを対象に、保護者が働いているかどうかにかかわらず、長時間預かり、教育と保育をあわせておこなうもの。

---
### は
---

## 阪神・淡路大震災 ····················· 38

1995年１月17日午前5時46分、兵庫県淡路島北部沖を震源として発生した、マグニチュード7.3の大地震による災害。死者6434人、重軽傷者4万3792人、こわれた家屋約24万9000棟、焼失した家屋約7500棟など、神戸市とその周辺に大きな被害をもたらした。日本の防災への考え方が見直されるきっかけの１つとなった。

## 兵部省 ·································· 8

1869年に発足した省の１つ。軍事や兵器に関する事務を担当していた。1872年に陸軍省と海軍省に分けられ、廃止された。

## 放射性物質 ··························· 42

人体に有害な放射線を出す物質のこと。ウランやプルトニウムなどの核燃料や、核燃料が原子炉で核分裂することでできる物質などがある。

---
### ま
---

## 民部省 ·································· 8

1869年に発足した省の１つ。戸籍、徴税、土木に関する事務を担当していたが、大蔵省や工部省に仕事を引きつぐかたちで1871年に廃止された。

## メルトダウン ························· 36

核燃料がむきだしになってとけだすこと。炉心溶融ともいう。通常、燃料は原子炉内で水を循環させて冷やされているが、東日本大震災時には停電になり、非常用発電機も使えなくなったことから、水の循環ができなくなり、メルトダウンがひきおこされた。

# さくいん

さくいんでは、P2～43の本文に出てくる主な言葉をのせています。

## あ

| | |
|---|---|
| 新しい東北 | 39 |
| 宇宙開発戦略推進事務局 | 34 |
| 栄典制度 | 12 |
| 大蔵省 | 8、26 |
| 沖縄及び北方対策担当大臣 | 11、16 |
| 沖縄開発庁 | 10、16 |
| 沖縄振興局 | 16 |
| 沖縄返還協定 | 16 |

## か

| | |
|---|---|
| 外局 | 8、11、16、18、19、20、24、26、30、31 |
| 外務省 | 2、3、8、17、32 |
| 科学警察研究所 | 23 |
| 環境省 | 3、42 |
| 観光庁 | 38 |
| 官民人材交流センター | 35 |
| 緊急事態の布告 | 21 |
| 金融監督庁 | 26 |
| 金融危機対応会議 | 34 |
| 金融再生委員会 | 10、26 |
| 金融担当大臣 | 11 |
| 金融庁 | 3、11、26、27 |
| 宮内省 | 8、31 |
| 宮内庁 | 8、11、30 |
| 宮内府 | 31 |
| 勲章 | 12 |
| 経済企画庁 | 10 |
| 経済財政諮問会議 | 13 |
| 経済産業省 | 3、33 |
| 警察大学校 | 23 |
| 警察庁 | 20、21、22、23 |

## （右段）

| | |
|---|---|
| 原子力立地会議 | 35 |
| 皇居 | 23、30 |
| 皇宮警察本部 | 23 |
| 皇室典範 | 31 |
| 厚生省 | 15 |
| 公正取引委員会 | 3、11、18、19 |
| 厚生労働省 | 3、28、33 |
| 皇族 | 23、30、31 |
| 高齢社会対策会議 | 35 |
| 国際平和協力本部 | 35 |
| 国土交通省 | 3、36 |
| 国民生活センター | 28 |
| 国務大臣 | 6、7 |
| 国立公文書館 | 32 |
| 心の復興 | 41 |
| 個人情報保護委員会 | 3、11、24、25 |
| 国家公安委員会 | 3、11、20、21、22 |
| 国家公務員 | 3、7、22、35 |
| 国家戦略特別区域諮問会議 | 13 |
| 子ども・子育て本部 | 15、34 |
| 子どもの貧困対策会議 | 35 |
| 子ども・若者育成支援推進本部 | 34 |

## さ

| | |
|---|---|
| 在日アメリカ軍基地 | 16 |
| 財務省 | 3、27 |
| サンフランシスコ平和条約 | 17 |
| 自衛隊 | 21 |
| 重要政策に関する会議 | 11、13 |
| 証券取引等監視委員会 | 27 |
| 少子化 | 15 |
| 少子化社会対策会議 | 35 |
| 少子高齢社会 | 15 |

46

省庁再編 ………… 9、10、13、17、19、26、31

消費者及び食品安全担当大臣 ………………… 11

消費者教育 ……………………………………… 29

消費者政策会議 ………………………………… 35

消費者庁 ………………………… 3、11、28、29

除染 ……………………………………………… 42

人権 ……………………………………………… 20

スポーツ庁 ………………………………… 2、3

成年後見制度利用促進会議 …………………… 35

総合海洋政策推進事務局 ……………………… 34

総合科学技術・イノベーション会議 ………… 13

総務省 ……………………………… 3、19、25

総務庁 …………………………………………… 17

総理府 ………………… 10、16、17、26、31、32

## た

大臣官房 ………………………………………… 8

男女共同参画会議 ……………………………… 13

知的財産戦略推進事務局 ……………………… 34

地方創生推進事務局 …………………………… 34

中央交通安全対策会議 ………………………… 35

中央防災会議 …………………………………… 13

天皇 ………………………………… 23、30、31

独占禁止法 ………………………………… 18、19

特定個人情報保護委員会 ……………………… 25

特別の機関 ………………………… 8、22、34

独立行政法人 ……………………… 28、32、33

都道府県警察 ……………………………… 21、22

## な

内閣 ………………………… 3、6、12、13、21

内閣官房長官 ……………………………… 11、35

内閣総理大臣 ………… 3、6、8、11、13、21、
22、25、30、31、35、37

内閣府特命担当大臣 ……………………… 7、11

日ソ共同宣言 …………………………………… 17

日本医療研究開発機構 ………………………… 33

日本学術会議 …………………………………… 35

認定子ども園 …………………………………… 15

農林水産省 ………………………… 3、28、42、43

## は

排除措置命令 …………………………………… 19

犯罪被害者等施策推進会議 …………………… 35

東日本大震災 ……… 2、3、36、38、40、41、43

避難者 ………………………………… 40、41、43

復興交付金 ……………………………………… 37

復興五輪 ………………………………………… 39

復興大臣 ………………………………………… 37

復興庁 ………………… 2、3、7、8、9、36、37、
38、39、40、41、42、43

復興特区 ………………………………………… 37

防衛省 ……………………………… 2、3、9、32

防衛庁 ……………………………………… 2、9

放射性物質 …………………………………… 42、43

褒章 ……………………………………………… 12

法務省 …………………………………………… 3

北方対策本部 ……………………………… 17、34

北方領土問題 ………………………… 17、33、34

北方領土問題対策協会 ………………………… 33

## ま

マイナンバー ……………………………… 24、25

民間資金等活用事業推進会議 ………………… 34

文部科学省 ……………………… 2、3、33、36

47

■ 監修

**森田　朗**（もりた　あきら）

津田塾大学総合政策学部教授。
1976年東京大学法学部卒業、東京大学助手、千葉大学法経学部助教授を経て、1994年より東京大学大学院法学政治学研究科教授、2004年東京大学公共政策大学院教授・同大学院院長、2012年より学習院大学法学部教授、東京大学名誉教授。2014年国立社会保障・人口問題研究所所長。2017年より現職、中医協前会長。主な著書に『会議の政治学 II』『制度設計の行政学』『会議の政治学III 中医協の実像』（いずれも慈学社出版）、『新版 現代の行政』（第一法規）がある。

■ デザイン

長江知子、高橋博美

■ 編集

**こどもくらぶ**（木矢恵梨子）

こどもくらぶは、あそび・教育・福祉の分野で、子どもに関する書籍を企画・編集しているエヌ・アンド・エス企画編集室の愛称。図書館用書籍として、年間100タイトル以上を企画・編集している。主な作品は、『知ろう！ 防ごう！ 自然災害』全3巻、『世界にほこる日本の先端科学技術』全4巻、『和の食文化　長く伝えよう！ 世界に広めよう！』全4巻（いずれも岩崎書店）など多数。
http://www.imajinsha.co.jp/

この本の情報は、2017年11月までに調べたものです。今後変更になる可能性がありますので、ご了承ください。本書と組織図は法律上の位置づけによるものです。実際の役職名と異なる場合などがあります。

■ イラスト

中村智子

■ 制作

（株）エヌ・アンド・エス企画

■ 写真提供元

©Monet, ©taka, ©milatas, ©fusho1d, ©cassis-fotolia.com
P21：国家公安委員会ウェブサイト
(https://www.npsc.go.jp)、
P23：警察大学校ウェブサイト
(https://www.npa.go.jp/keidai/keidai.html、https://www.npa.go.jp/keidai/keidai.html)、
P27：金融庁ウェブサイト
(http://www.fsa.go.jp/kouhou/photogallery.html)、
P35(右下)：日本学術会議ウェブサイト
(http://www.scj.go.jp/ja/int/kaisai/100802.html)、
P39：復興庁ウェブサイト
(http://www.reconstruction.go.jp/portal/chiiki/2017/20170801114645.html)

■ 資料

『行政機構図 平成29年度版』一般財団法人 行政管理研究センター

政治のしくみを知るための 日本の府省しごと事典　①内閣府・復興庁　　NDC317

2018年1月31日　　第1刷発行
2019年2月28日　　第3刷発行
監　修　森田　朗
編　　　こどもくらぶ
発 行 者　岩崎弘明　　編集担当　鹿島 篤（岩崎書店）
発 行 所　株式会社 岩崎書店　〒112-0005　東京都文京区水道1-9-2
　　　　　電話　03-3813-5526（編集）　03-3812-9131（営業）
　　　　　振替　00170-5-96822
印刷・製本　図書印刷株式会社

©2018 Kodomo Kurabu　　　　　　　　　　　　　48p 29cm×22cm
Published by IWASAKI Publishing Co., Ltd. Printed in Japan.　ISBN978-4-265-08591-0
岩崎書店ホームページ　http://www.iwasakishoten.co.jp
ご意見、ご感想をお寄せ下さい。E-mail　info@iwasakishoten.co.jp
落丁本、乱丁本は送料小社負担でおとりかえいたします。
本書のコピー、スキャン、デジタル化等の無断複製は著作権法上での例外を除き禁じられています。本書を代行業者等の第三者に依頼してスキャンやデジタル化することは、たとえ個人や家庭内での利用であっても一切認められておりません。

政治のしくみを知るための

# 日本の府省しごと事典

監修/森田 朗
編/こどもくらぶ

## 全7巻

1. 内閣府・復興庁
2. 法務省・財務省
3. 外務省・文部科学省
4. 厚生労働省・経済産業省
5. 農林水産省・環境省
6. 国土交通省
7. 総務省・防衛省